# HET PETER PRINCIPE

## BELANGRIJKE INFORMATIE

- **Naam:** het Peter Principe.

- **Gebruik:** personeels- en prestatiemanagement, ontwikkeling van menselijk potentieel.

- **Waarom is het succesvol?** Het succes ervan is onzeker omdat het afhangt van de individuen en de organisaties.

- **Trefwoorden:**

  - <u>Bekwaamheid</u>: kennis en knowhow die nodig zijn voor een maximale efficiëntie in een bepaalde functie

  - <u>Efficiëntie</u>: synoniem van uitmuntendheid, het vermogen van een werknemer om met beperkte middelen (tijd, geld, enz.) bepaalde taken uit te voeren.

  - <u>Hiërarchie</u>: gezagsstructuur binnen een organisatie

  - <u>Promotie:</u> benoeming van een werknemer op een hoger niveau binnen een organisatie.

# INLEIDING

Bij de beschouwing van het Peter Principle is het bijzonder belangrijk te beseffen dat dit model, hoewel verhelderend in veel gegeven situaties, afkomstig is uit een satirisch boek en daarom met voorzichtigheid moet worden gebruikt bij het vaststellen van wetenschappelijke feiten. In de context van steeds sterkere hiërarchieën binnen organisaties is er de kwestie van interne promotie. Moet de bekwaamheid van een werknemer het belangrijkste criterium zijn voor het bepalen van hiërarchische stijging? Hoe kan dit competentieniveau worden gemeten? Is een efficiënte werknemer per definitie een goede organisator?

 ## DEFINITIE VAN HET MODEL

Het Peter-principe stelt dat als een werknemer efficient werkt op een bepaald hiërarchisch niveau, hij zal worden bevorderd naar het volgende niveau daarboven, enzovoort, totdat hij het niveau bereikt waarop hij niet meer efficiënt werkt. Als hij niet kan worden gedegradeerd, betekent dit dat alle structuren van nature evolueren naar een evenwicht van grotere inefficiëntie.

Hoewel dit principe op het eerste gezicht absurd lijkt, roept het toch een aantal vragen op met betrekking tot het personeelsbeleid. Wie moet worden bevorderd in het belang van zowel het individu als het bedrijf? En onder welke voorwaarden moet dit gebeuren om de algemene efficiëntie te verhogen?

# THEORIE

 ## LAURENCE JOHNSON PETER (CANADEES PEDAGOOG EN PSYCHOLOOG, 1919-1990)

Na zijn afstuderen in 1958 aan het Western Washington State College werd Laurence J. Peter, oorspronkelijk afkomstig uit Vancouver, al snel leraar terwijl hij verder studeerde in psychologie en onderwijswetenschappen, waarin hij in 1963 promoveerde. Vervolgens leidde hij het Evelyn Frieden Center en trad hij op als adviseur voor programma's die in 1966 moeilijkheden ondervonden aan de Universiteit van Zuid-Californië.

Zijn eerste boek, *Prescriptive Teaching*, verscheen in 1965, maar het duurde tot de publicatie van *The Peter Principle* (1969), geschreven in samenwerking met Raymond Hull (Canadese schrijver, 1919-1985), voordat hij bekend werd.

## DE HYPOTHESEN VAN HET PETER PRINCIPE

Het Peter Principe is, zoals alle economische modellen, gebaseerd op hypothesen die nuttig zijn om te onderzoeken. Als we alleen naar de belangrijkste kijken, zijn dat onder meer (maar niet uitsluitend):

- De hiërarchische structuur van een onderneming heeft uiteraard de vorm van een piramide. Dit vereenvoudigde beeld toont de strikt afgebakende hiërarchische niveaus: de basiswerknemers worden geleid door enkele managers, die op hun beurt worden geleid door nog minder superieure leidinggevenden, enzovoort.

- Werkfuncties zijn star en omvatten vaste taken: de werknemer die een functie krijgt toegewezen, voert een bepaald aantal taken uit. Als hij het verwachte werk niet doet, wordt het gewoon niet gedaan. Slaagt hij wel, dan krijgt hij geen andere taken. Merk in dit verband echter op dat deze structuurbeschrijvingen uit een bepaalde tijd stammen en dat bedrijven tegenwoordig veel flexibeler organisaties zijn die bijvoorbeeld vanuit een project of een netwerk werken.

- De sterkste en meest controversiële hypothese is wat in het boek de "Peter-hypothese" wordt genoemd. Het competentieniveau dat vereist is voor een hogere hiërarchische positie staat volledig los van de competentie die vereist is voor een hiërarchisch lagere positie. Als een werknemer het meest geschikt is voor een functie en naar een hoger niveau wordt bevorderd, is zijn competentieniveau na die bevordering volledig onvoorspelbaar.

Volgens Jean-Paul Delahaye (Frans informaticus en wiskundige, geboren in 1952) gaan we er, als we deze simplistische veronderstellingen aanvaarden, logischerwijs van uit dat alle bevorderingen de neiging hebben de prestaties van een werknemer te verminderen, en wel om twee redenen:

- **Het rateleffect:** terugkrabbelen is onmogelijk omdat een werknemer niet kan worden gedegradeerd. Als hij concurrerend is, zal hij de ladder blijven beklimmen en niet op een positie blijven waar hij efficiënt is. De beweging zal effectief doorgaan tot hij een te hoog niveau bereikt, waarop hij niet meer efficiënt is. De werknemer zit dan vast op dit niveau en kan niet gedegradeerd of verder gestegen worden.

- **Het statistische effect van regressie naar het gemiddelde (van het principe van statistische verdeling):** bij een willekeurige, "normale" gebeurtenis is de kans op een resultaat dat dicht bij het gemiddelde ligt groter dan op een zeer hoog of zeer laag resultaat. Het bedrijf, dat het geluk heeft te kunnen rekenen op een werknemer die ruim boven het gemiddelde competent is en besluit zijn positie te wijzigen, bepaalt dus opnieuw de competentie van de werknemer met een goede kans op een gemiddeld resultaat.

Achter de hypotheses van het Peter Principle gaat een ongemakkelijke waarheid schuil: na verloop van tijd wordt elke positie steeds vaker bezet door een onbekwame werknemer, terwijl hoe hoger een positie in de hiërarchie is, hoe belangrijker die is voor de algemene prestaties van de structuur. Dit betekent niet dat de basis van de piramide minder essentieel is voor de goede werking van het bedrijf dan de top, integendeel. Eenvoudig gezegd, als wij de piramidestructuur aanvaarden en op elk niveau evenveel nadruk leggen, heeft een positie meer belang voor de algemene prestaties wanneer er binnen dat niveau minder posities zijn. Als er bijvoorbeeld twee managers zijn voor vijf werknemers, is de individuele bekwaamheid van de manager goed voor 50% van de prestaties van zijn hiërarchisch niveau, terwijl de individuele prestaties van elke werknemer slechts goed zijn voor 20%.

In de hypotheses van het Peter Principe, met name die van het rateleffect, lijkt het duidelijk dat "iedere werknemer de neiging heeft zijn niveau van incompetentie te bereiken", zodat het natuurlijke evenwicht van een structuur is dat iedere positie wordt bezet door iemand die de verantwoordelijkheden niet kan dragen.

## DE INCOMPETENTE WERKNEMERS

Dit principe werd door Laurence J. Peter bedacht als onderdeel van een complete wetenschap van organisaties die hij "hiërarchiologie" noemde.

Hij probeert concrete toepassingen te geven en confronteert zijn model met de realiteit van de organisaties die hij heeft geobserveerd. Natuurlijk constateert hij uitzonderingen op het principe. Zo worden de meest competente werknemers niet altijd bevorderd. Hij belicht verschillende gevallen waarin onbekwame werknemers worden bevorderd en legt uit waarom.

- **Krachtige sublimatie of pseudo-ontwikkeling:** deze strategie, waarbij een onbekwame werknemer wordt bevorderd tot een hoger niveau, dient vooral om de hoop van alle anderen in stand te houden, die geloven dat zij op een dag ook bevorderd kunnen worden. Dit is gevaarlijk omdat het slechts een illusie is voor mensen die geen deel uitmaken van de hiërarchie.

- **Laterale arabesk:** dit bevordert een onbekwame werknemer tot een nieuwe, nutteloze functie met een grotere titel om de schade te beperken die hij in zijn huidige functie kan aanrichten.

- **Omkering van Peter:** in dit geval is de bevordering van een onbekwame werknemer eerder te danken aan de naleving van door de hiërarchie opgelegde normen dan aan zijn efficiëntie. Het doel en de middelen zijn omgekeerd, aangezien de normen bestaan om de productiviteit te verhogen en aan de naleving van de normen evenveel waarde wordt gehecht als aan de productiviteit.

- **Hiërarchische ontbinding:** om te voorkomen dat werknemers de absurditeit van het systeem inzien en besluiten zich er niet aan te houden, bevordert het bedrijf de promotie van een onbekwame werknemer.

## TEKENEN VAN DE LAATSTE POSITIE

Volgens Peter zijn de tekenen van incompetentie, of de tekenen van het verbergen van incompetentie voor anderen en zichzelf, gemakkelijk op te sporen. Deze worden "tekenen van de laatste positie" genoemd: ze geven echter de illusie van professionele vervulling.

- **Classofilie:** van het Griekse woord "classis" (wat "categorie" of "klasse" betekent), dit is een onnodige obsessie met classificatie om (zichzelf) de illusie te geven dat ze belangrijk werk doen.

- **Gigantisme tabula:** verwijst naar de incompetente werknemer die het grootste kantoor wil.

- **Papyromanie:** van het Griekse woord "Papyros" ("papier") en het Latijnse woord "mania" ("waanzin" of "obsessie"), is dit een teken van een onbekwame werknemer die papierwerk – vandaar de schijnbare wanorde – op zijn bureau opstapelt om de indruk te wekken dat hij het extreem druk heeft.

- **Papyrofobie:** van de Griekse woorden "papyros" ("papier") en "phobos" ("fobie"), is een teken van een onbekwame werknemer die geen papier op zijn werkplek kan verdragen. Als het kantoor georganiseerd is, zullen collega's, superieuren en misschien zelfs de werknemer zelf geloven dat er efficiënt wordt gewerkt.

- **Phonophilia:** van de Griekse woorden "phone" ("stem") en "philos" ("vriend"), dit is een teken van incompetentie waarbij een gebrek aan contact met collega's en ondergeschikten wordt verweten en waarbij meerdere telefoons en bandrecorders op kantoor worden geïnstalleerd. Aangezien dit idee voor het eerst verscheen in 1969, moet dit "teken" waarschijnlijk opnieuw worden geformuleerd op basis van de huidige technologieën.

- **Rigor Cartis:** van Latijnse oorsprong, duidt op een obsessieve belangstelling voor grafieken, diagrammen en diagrammen die de illusie van controle over situaties geven.

- **Initiële siglomanie:** van de Latijnse woorden "sigla" (wat "markeringen" of "afkortingen" betekent) en "manie" (wat "waanzin" of "obsessie" betekent), is dit een teken waarbij de onbekwame werknemer met onbegrijpelijke initialen en acroniemen spreekt met niet-ingewijden, om de indruk van professionaliteit te wekken. Hij zal de zaken ingewikkeld maken omdat hij er genoegen in schept dat hij daardoor belangrijk wordt gevonden.

- **Structurofilie:** van het Latijnse woord "structuur" ("ordening", "constructie") en het Griekse "philos" ("vriend"), houdt in dat men geniet van het werk in een bepaalde structuur, de onbekwame werknemer die blijk geeft van dit teken zal geobsedeerd zijn door de orde en het onderhoud van het gebouw waar hij werkt, ten koste van het plezier in het werk zelf.

- **Flut syndroom:** de onbekwame werknemer neemt zelden beslissingen en laat ze lang op zich wachten.

- **Abnormale tabula:** van het Latijnse woord "tabula" ("bord" of "tafel") is dit een teken van onbekwaamheid waarbij de werknemer ongebruikelijke en vreemde kantoorapparatuur gebruikt.

Peter nuanceert zijn uitspraken echter door uit te leggen dat, gelukkig voor het functioneren van onze politieke, sociale en economische modellen, alle posities aan de top van de hiërarchie niet noodzakelijkerwijs worden ingenomen door incompetente werknemers. In feite benadrukt hij in deze verduidelijking van het principe het feit dat de hiërarchische structuur van een organisatie vaak te klein is om alle competente mensen – hoewel dit geen al te grote fout is, omdat zij anders zouden lijden onder hiërarchische ontbinding – hun potentieel te laten bereiken. Merk niettemin op dat de competente superieuren vaak worden uitgekozen door grotere organisaties waar zij opnieuw kunnen opklimmen tot ook zij hun niveau van incompetentie bereiken.

# BEPERKINGEN EN UITBREIDINGEN

## BEPERKINGEN EN KRITIEK

De beperkingen van het model zijn duidelijk zodra men de hypothesen waarop het is gebaseerd in ogenschouw neemt.

- Nu is een organisatie vaak niet zo eenvoudig als de piramidestructuur die Peter beschrijft. Meestal is een werknemer die anderen coördineert niet gepromoveerd. De verschillende afdelingen staan op gelijke voet, althans in theorie. Decentralisatie en empowerment worden aangemoedigd en er is een tendens om de rechtlijnige verticale hiërarchie te verminderen. Dit verschijnsel wordt "de vervlakking van de piramides" genoemd. Misschien is het juist een van de hedendaagse manieren om de effecten van het Peter Principle te vermijden die stammen uit een tijd waarin de hiërarchie meer rigide was?

- Een functie is niet langer bevroren. Indien een onbekwame werknemer in een functie wordt aangesteld en de verantwoordelijkheden ervan niet op zich neemt, is het waarschijnlijk dat veel van de functies geleidelijk aan een andere functie zullen worden toegewezen.

- De kwestie van de motivatie is ook problematisch, aangezien sommige vaardigheden die de werknemer laat zien, daaruit kunnen voortvloeien. De werknemer kan toch efficiënt zijn op een bepaald niveau van de hiërarchie, deels dankzij zijn motivatie. Als hij enthousiast blijft, zal hij waarschijnlijk gemakkelijker de nieuwe vaardigheden verwerven die nodig zijn voor de nieuwe functie, waardoor hij efficiënter wordt.

- Het huidige verloop is indrukwekkend, aangezien een jongere die de arbeidsmarkt betreedt naar schatting ongeveer vijf keer van functie of bedrijf zal veranderen.

- Ten slotte is zeker de meest twijfelachtige Peter-hypothese dat de in een bepaalde functie getoonde competentie inherent onafhankelijk is van de in een vorige functie getoonde competentie. Andere onderzoekers, zoals de Italiaanse natuurkundigen Alessandro Pluchino en Andrea Rapisarda, en de socioloog Cesare Garofalo in hun artikel *The Peter Principle Revisited: A Computational Study*, bieden een herzien perspectief op het beroemde principe door de tegenovergestelde hypothese te stellen. Zij noemen het 'de gezond verstand-hypothese': de competentie in een hogere positie hangt af van de competentie in een lagere positie en wordt met ongeveer 10% verhoogd of verlaagd.

Ook de door Peter ontwikkelde empirische toetsing van incompetentie kan onbetrouwbaar zijn. De symptomen omvatten toch zoveel verschillende gedragingen dat we ze niet, zoals sommigen doen, kunnen gebruiken als vermeend bewijs voor het Peter Principe. Als we bepaalde hypothesen op hun waarde schatten, zullen we uiteindelijk geconfronteerd worden met situaties als deze: de persoon die te veel van organisatie houdt of te autoritair is, is incompetent, maar de persoon die te weinig georganiseerd is of niet autoritair is, is ook incompetent. Als overdaad altijd slecht is, kan het merendeel van de vermeende symptomen oorspronkelijk als kwaliteiten worden opgevat. Het is ook de reden waarom een onbekwame werknemer deze houdingen aanneemt – maar dan tot het uiterste – om te proberen zijn onbekwaamheid te verbergen. Kortom, het Peter Principe is niet verifieerbaar en de satirische toon die hij in zijn werk aanslaat suggereert dat het geen echte wetenschappelijke aanspraak heeft.

## VERWANTE MODELLEN EN UITBREIDINGEN

Het Peter Principe maakt deel uit van een reeks "wetten" van hetzelfde type, met een min of meer humoristische stijl, die de ondernemingswereld met een zeker cynisme beschrijven en waarvan de wetenschappelijke nauwkeurigheid niet de grootste zorg is. Sommige ervan wijzen echter op de uitdagende realiteit waarmee de meeste organisaties effectief moeten omgaan.

### Wet van Parkinson

Hiertoe behoort in het bijzonder de Wet van Parkinson (1955), van de Britse historicus Cyril Northcote Parkinson (1909-1993), die stelt dat het werk altijd zo wordt gespreid dat de beschikbare tijd van de persoon die met het werk belast is, wordt opgebruikt. Bij uitbreiding kan men zich voorstellen dat alle beschikbare middelen voor een project worden gebruikt, of het nu gaat om tijd, geld, mankracht, enz. Aan deze wet liggen twee consequenties ten grondslag:

- **Toename van ondergeschikten.** Als een werknemer er niet in slaagt een project te voltooien, heeft hij slechts twee opties: hij kan een deel van het werk kwijtraken door het aan iemand te geven die een potentiële concurrent zou kunnen worden, of hij kan de steun van zijn ondergeschikten vragen. In de meeste gevallen wordt de tweede optie gekozen, ten eerste om zijn positie te beschermen en ten tweede om zijn belang te vergroten. Opgemerkt zij dat hij ervoor zal zorgen dat hij verschillende ondergeschikten heeft, zodat elke taak wordt verdeeld. Op die manier, aangezien geen van hen de hele taak kan uitvoeren, zal niemand een potentiële rivaal worden.

- **Verhoging van de werklast.** Of er nu met gelijken of ondergeschikten wordt gewerkt, het is een feit dat wanneer er meerdere mensen werken, de werkdruk toeneemt. Het kost vaak evenveel tijd om de taak te coördineren als om het werk te doen. Aangezien er bijna altijd iemand in het team is die moeite heeft met delegeren en meer verantwoordelijkheid op zich neemt, zal het werk zich uiteindelijk herstellen tot wat één persoon alleen had kunnen produceren. Uiteindelijk, om hetzelfde werk te produceren - zoals slechts één persoon zou hebben geproduceerd - is er een heel team voor nodig en is er extra tijd besteed aan het coördineren van al deze mensen.

## Het Dilbert Principe

We noemen ook het Dilbert Principe, afgeleid van een gelijknamige strip van Scott Adams (Amerikaans cartoonist, geboren in 1957). Volgens hem worden incompetente werknemers onmiddellijk bevorderd en worden ze managers, zelfs als ze nooit blijk hebben gegeven van bijzondere vaardigheden. Dit principe is nog radicaler dan het Peter Principle, omdat het ervan uitgaat dat we bewust managementfuncties toevertrouwen aan incompetente werknemers, zodat zij geen schade kunnen aanrichten. Dit veronderstelt natuurlijk dat management altijd nutteloos is.

Evenzo kunnen we het populaire gezegde aanhalen dat "wie kan, doet; wie niet kan, onderwijst".

Hoewel we ze als zodanig geen "modellen" kunnen noemen - want ze zijn niet wetenschappelijk - tonen deze beginselen enige empirische weerstand tegen de theoretische prestaties van economische modellen. Moeten we deze modellen - waarvan we de grenzen in de werkelijkheid kennen - opgeven en overwegen om promoties in het wilde weg toe te kennen?

# PRAKTISCHE TOEPASSING

De gevallen waarin het Peter Principe aan het werk is, zijn talrijk en onbestaand tegelijk. Ze zijn talrijk, omdat ieder van ons zich gemakkelijk een situatie kan voorstellen waarin een onbekwame werknemer wordt bevorderd, en de door Peter beschreven tekenen bij onze collega's of superieuren herkent. Zeggen dat ze daadwerkelijk incompetentie bewijzen, is een andere zaak. Het is vrij moeilijk, en de meeste personeelsmanagers weten dat goed, om de prestaties van een werknemer te meten. Evenzo zullen werknemers vaak geneigd zijn hun meerdere incompetent te vinden, omdat het gemakkelijker is anderen te bekritiseren dan verantwoordelijkheid te nemen. Meestal worden in de literatuur gevallen gepresenteerd waarin incompetentie wordt beweerd, maar die komen voort uit weinig meer dan de verbeelding van aanhangers van het Peter Principle. In die zin zijn echte praktijkvoorbeelden onbestaande.

## STUDIE VAN CATANIA

In plaats van anekdotes te vertellen, hebben Alessandro Pluchino, Andrea Rapisarda en Cesare Garofalo in hun artikel *The Peter Principle Revisited: A Computational Study*, de voorkeur aan een andere manier om het model in werkelijkheid aan te pakken. Zij gebruikten een computersimulatie van de evolutie van de piramidestructuur door de bevorderingshypothesen te variëren. Hun artikel leverde verbazingwekkende resultaten op en leverde hen een Ig Nobelprijs voor Economie op, een parodie op de Nobelprijs die het meest ongebruikelijke onderzoek beloont. Hun studie is niettemin zeer serieus en het bizarre karakter van de resultaten versterkt het denkwerk en de humoristische hypotheses die Peter ontwikkelde.

## Definitie van een fictieve organisatie

Daarom creëerden zij op een computerprogramma (met behulp van Netlogo, een programmeertaal die speciaal is ontworpen voor bevorderlijke multi-agent simulatie om verschillende aspecten van de speltheorie te testen) een fictieve organisatie bestaande uit zes hiërarchische niveaus (met respectievelijk 81, 41, 21, 11, 5 en 1 agent). Elke agent wordt gekenmerkt door een leeftijd van 18 tot 60 jaar en een vaardigheidsniveau van 1 tot 10.

Aan het begin van de simulatie worden de leeftijden en vaardigheidsniveaus willekeurig bepaald op basis van de hierboven beschreven statistische verdeling.

 **NORMALE' STATISTISCHE VERDELING**

Een statistische verdeling geeft een sterke waarschijnlijkheid van bijna-gemiddelde resultaten – willekeurig op 0 gezet op de grafiek – en een steeds lagere waarschijnlijkheid naarmate we een resultaat proberen te krijgen dat zich verwijdert van de top of de bodem. Dit wordt beschouwd als de vorm van

## Simulatie

Zodra de uitgangssituatie is vastgesteld, kan de simulatie beginnen. In elke spelronde wordt de leeftijd van de agenten verhoogd. Elke agent die 60 wordt, verdwijnt en de gaten worden opgevuld door agenten uit de lagere niveaus te bevorderen. De gaten in het laagste niveau worden opgevuld door nieuwe agenten toe te voegen waarvan de leeftijd en de vaardigheden willekeurig worden bepaald.

Wanneer een agent van niveau verandert, verandert ook zijn bekwaamheid volgens de twee geteste hypothesen:

- **De Peter-hypothese.** Het nieuwe competentieniveau is volledig willekeurig.

- **De gezond verstand-hypothese.** Het nieuwe competentieniveau vertoont maximaal 10% stijging of daling ten opzichte van het vorige niveau.

In beide gevallen moeten de algemene prestaties van het systeem worden gemeten, die overeenkomen met de gemiddelde prestaties van alle niveaus. Merk op dat hoe meer een werknemer de ladder beklimt, hoe meer zijn individuele prestaties zouden moeten toenemen.

Uiteraard is de vraag waarmee de onderzoekers worden geconfronteerd dezelfde als die waarmee elke manager wordt geconfronteerd: wie moet worden bevorderd? Voor elke hypothese testten de onderzoekers drie soorten promotie:

- de beste werknemer bevorderen;

- om de meest incompetente werknemer te promoveren;

- om een willekeurig gekozen werknemer te bevorderen.

## Resultaten

Zeer snel bereikten de prestaties van het systeem een evenwichtspunt.

Volgens de hypothese van het gezond verstand is er geen echte verrassing. Een goede algemene prestatie wordt bereikt wanneer de beste mensen worden bevorderd en een slechte algemene prestatie wanneer onbekwame mensen worden bevorderd. Willekeurige bevordering heeft geen grote invloed op de algemene prestaties.

Als we daarentegen naar de Peter-hypothese kijken, is een verrassende conclusie – die het tegenovergestelde is van wat de Italiaanse onderzoekers met de Ig Nobelprijs vonden – duidelijk: we moeten de onbekwame werknemers bevorderen. Toch, als je een slechte werknemer naar een hoger niveau verplaatst, is de kans groot dat hij wordt vervangen door iemand die beter is dan hij, aangezien de meeste agenten gemiddeld zijn. Bovendien worden de prestaties van de slechte werknemers door zijn herplaatsing "opnieuw gespeeld", willekeurig getrokken, met een goede kans om opnieuw een gemiddeld resultaat te krijgen. En als die kans een slecht resultaat oplevert, gaat hij toch door naar de volgende ronde. Het bevorderen van de meest incompetente werknemers is dus de logische conclusie in de Peter-hypothese. Dan blijft, net als bij de gezond verstand-hypothese, het toeval neutraal. De promotie van de beste werknemers werkt precies zoals Peter beschrijft: het stuwt iedereen naar zijn niveau van incompetentie, waardoor de algemene prestaties gebrekkig worden.

## Conclusie

Dus ofwel heeft Peter gelijk en kunnen we managers alleen adviseren de slechtste werknemers te bevorderen, ofwel accepteren we dat competentie op een hoger niveau een eenvoudige variatie is van competentie op lagere niveaus en blijft het bevorderen van de beste werknemers de voorkeursoplossing.

# ADVIES

In het algemeen benadert Peter het probleem op een te statische en simplistische manier. Waarom zou de bekwaamheid voor een bepaalde functie als een constante moeten worden beschouwd? Als het bestaande systeem voor personeelsbeheer doeltreffend is, moeten de voorgeschreven prestatiemetingen worden gevolgd door gesprekken met ambtenaren en opleiding van het personeel om de efficiëntie van hun werk te verhogen.

Dit heeft natuurlijk verschillende nadelen:

- Ten eerste hebben we relevante key performance indicators nodig om de kwaliteit van het werk zo objectief mogelijk vast te stellen. In het geval van een verkoper zou het voldoende zijn om bijvoorbeeld gewoon het aantal potentiële klanten te meten dat de winkel is binnengekomen (steeds meer winkels installeren hiervoor sensoren), het bedrag dat de verkoper heeft geïnd en de verhouding tussen beide. De berekening van prestaties is echter riskanter als het erom gaat de kwaliteit van het werk van een ambtenaar of een kantoormedewerker te meten. Wanneer Peter zelf over onbekwaamheid spreekt, wekt hij de indruk dat deze meer gebaseerd is op een algemeen gevoel dan op specifieke indicatoren.

- Ten tweede zijn een effectief personeelssysteem en opleiding moeilijker te implementeren en duurder dan het simpelweg meten van de prestaties van werknemers en het direct bevorderen van de juiste werknemer op basis van ervaring uit het verleden.

Of de Peter-hypothese nu waar is of niet, managers kunnen de hiërarchie op twee tegenovergestelde manieren beschouwen:

- als elke functie en de daarmee samenhangende vaardigheden duidelijk zijn omschreven, is het veel eenvoudiger om kernprestatie-indicatoren toe te passen en de prestaties te beoordelen;

- Indien daarentegen bewust enige onzekerheid wordt gelaten over de taken die elke werknemer moet

uitvoeren, is het veel gemakkelijker om een werknemer te ontslaan van bepaalde taken waarvoor hij niet
bevoegd is, maar dit heeft aanzienlijke gevolgen voor
de efficiëntie.

Bovendien is het mogelijk om werknemers mobieler te
maken door het rateleffect op te heffen. Demoties
komen vaker voor dan Peter lijkt te geloven.

## Wanneer de Peter-hypothese niet opgaat

Als de Peter-hypothese niet wordt geverifieerd, dan is
het systeem van gezond verstand – waarbij de beste
werknemers worden bevorderd – dat gewoonlijk door
organisaties wordt opgezet, volledig efficiënt. Het heeft
het dubbele voordeel dat het werknemers motiveert om
zich in te spannen om beter te presteren in de hoop een
promotie te krijgen, waardoor de organisatie geld
bespaart op opleiding, aangezien zij zelf alles in het
werk zullen stellen om het vaardigheidsniveau te verwerven dat nodig is voor de hogere functie.

## Wanneer de Peter-hypothese waar is

Anderzijds is het veel problematischer als de Peter-
hypothese waar blijkt te zijn. Als de meest incompetente werknemers worden bevorderd, moet dit discreet
gebeuren vanwege het risico dat de werknemers worden gedemotiveerd. Ook moet men zich concentreren
op financiële prikkels en het promotiesysteem niet
gebruiken als beloning.

Deze manier om promoties te overwegen en toe te kennen heeft zijn beperkingen, aangezien zij aanzienlijke kosten voor de organisatie met zich meebrengt en niet de persoon vindt die het meest geschikt is voor de functie.

Ten slotte, als de Peter-hypothese overeenkomt met de realiteit van de organisaties en het rateleffect zo vastligt als hij gelooft, is de enige echte oplossing de werknemers zo goed mogelijk te ondersteunen door de benodigde vaardigheden te meten, hen te motiveren en hen op te leiden. Dit kost de organisatie veel meer dan wanneer de enige concurrentie die de werknemers ondervinden, hen competent maakt op alle niveaus van de hiërarchie.

# SAMENVATTING

- Het door Laurence J. Peter en Raymond Hull ontwikkelde principe komt voor in een satirisch werk getiteld *The Peter Principle* uit 1969, een tijd waarin bedrijven, geconfronteerd met een stabiele en economisch gezonde omgeving, zich richtten op de groei en ontwikkeling van hun structuur en daarom onvermijdelijk promoties beheersten.

- Het beginsel is gebaseerd op de volgende hypothese: alle organisaties bevorderen bekwame werknemers totdat zij een positie bereiken waarin zij niet bekwaam kunnen presteren en waaruit zij niet kunnen worden verwijderd; de organisatie evolueert dus naar algemene onbekwaamheid.

- De bijdrage ligt vooral bij managers die moeten weten hoe zij de bewegingen van hun personeel moeten beheren om de algemene prestaties van hun organisatie te verbeteren. Daartoe moeten zij zorgen voor de ontwikkeling van vaardigheden en collectieve intelligentie, want niemand is perfect, maar een team wel.

- De hypothesen van het model zorgen voor controverse, met name de hypothese dat de voor een nieuwe functie vereiste vaardigheden niet afhankelijk zijn van die welke in de vorige functie werden gezien.

- Andere wetten, waaronder de Wet van Parkinson over de natuurlijke neiging van organisaties om uiteindelijk ineffectief te worden, gaan in dezelfde richting als het Peter-principe.

- Advies:
    - als de Peter-hypothese niet opgaat, vertrouw dan op gezond verstand en bevorder de beste werknemers;
    - als de Peter-hypothese waar is:
        - de slechtste werknemers promoten zonder het bekend te maken;
        - financiële prikkels geven zonder de rol van de werknemers te veranderen;
        - elke werknemer individueel observeren en bewegingen binnen hetzelfde hiërarchische niveau uitvoeren.

# VERDER LEZEN

## BIBLIOGRAFIE


Blary, J-L. (1999) Het principe van Petrus. *Lettre d'ADELI*. Deel 36.

Delahaye, J-P. (2011) Het principe van Peter. *Voor de wetenschap*. Volume 407, pp. 82-87.

Peter, L. J. en Hull, R. (2011) *Le Principe de Peter ou pourquoi tout va toujours mal*. [2e editie]. Parijs: Librairie Générale Française.

Pluchino, A., Rapisarda, A. en Garofalo, C. (2010) The Peter Principle Revisited: Een computationele studie. *Physica A: Statistische Mechanica en haar Toepassingen*. 3(389), pp. 467-472. [Online]. [Geraadpleegd op 18 juli 2014]. Beschikbaar via: < http://arxiv.org/pdf/0907.0455v3.pdf>


## AANVULLENDE BRONNEN


*Dilbert* van Scott Adams website: http://www.dilbert.com/

*We horen graag van u! Laat
een reactie achter op jouw online bibliotheek
en deel je favoriete boeken op social media!*

# IMPROVE YOUR GENERAL KNOWLEDGE

## IN THE BLINK OF AN EYE!

www.50minutes.com

Master ISBN: 9782808063760
Papier ISBN: 9782808064057
Wettelijk depot: D/2022/12603/50

Digitaal ontwerp: Primento,
de digitale partner van uitgevers.